Sibylle Haenitsch-Weiß

Geschenkgutscheine in 5 Minuten

SCHWIMMBAD
SAISONKARTE

Sibylle Haenitsch-Weiß

Geschenkgutscheine in 5 Minuten

AUGUSTUS

MUSKEL-GUTSCHEIN
FITNESS-GUTSCHEIN

1 Trainer-Stunde
1 Trainer-Stunde

3 TAGE
TAPEZIER-
HILFE.

Jns
Theater
mit mir!

SHOPPING
GUTSCHEIN
SCHUH-GUTSCHEIN

1 Woche
Ostsee

Inhalt

Fliege
mit
uns
all
inklusive!
Tina
Dagmar
Geli
Erika
Sibylle

Vorwort

Weihnachten, Geburtstage, ein kleines Dankeschön – immer wiederkehrende Schenkanlässe machen oft ratlos. Blumen? Nett, aber oft der zehnte Strauß am selben Tag. Ein Buch? Echte Leseratten kaufen meist druckfrisch die neuesten Ausgaben. Eine Krawatte? Beweist Geschmack, aber leider nur den eigenen. Schon diese drei Beispiele zeigen, dass ein Geschenk-Gutschein vielleicht doch die bessere Wahl wäre.

Mit einem Gutschein lässt sich alles verschenken: Zeit, Hilfe, Spaß, Sport, Bildung ... Wenn Sie Ihr abstraktes Geschenk dann noch hübsch gestalten, übertrifft es sicher mit Fantasie und Originalität jedes gekaufte!

In diesem Buch geht es aber nicht nur darum, Geschenk-Gutscheine ideenreich zu gestalten, sondern sie in kürzester Zeit mit Materialien, Accessoires und Werkzeugen, die meist im eigenen Haushalt vorhanden sind, zu fertigen. Viele Tipps bieten Alternativen an, wenn doch etwas fehlt.

Und noch etwas: Formulieren Sie den Gutscheintext verbindlich. Geben Sie ruhig Tag und Uhrzeit an, wenn Sie ein Essen verschenken, bei Kursen legen Sie einfach diskret eine Quittung bei, und wenn Sie das Baby hüten möchten, geben Sie symbolisch die Stundenzahl an. Diese Klarheit sorgt dafür, dass das Einlösen des Gutscheins für den Empfänger nicht zum unangenehmen Bittgang wird oder der Gutschein als Schmuck jahrelang an der Pinnwand hängt.

Viel Spaß beim Basteln und Schenken!

Material und Werkzeug

Papier, Schere, Kleber und Stifte – das ist die Grundausstattung zum Nacharbeiten der in diesem Buch gezeigten Ideen. Was darüber hinaus gebraucht wird, lässt sich, falls nicht vorhanden, mit Fantasie und Improvisation ersetzen: Statt eines Zirkels benutzen Sie einfach einen entsprechend großen Teller; haben Sie keinen gemusterten Tonkarton, nehmen Sie Geschenkpapier, das Sie zur Verstärkung auf Karton kleben; fehlt Ihnen eine gelbe Quietschente, schneiden Sie aus einer Zeitschrift etwas Ähnliches heraus.

Viele andere Dinge im Haushalt lassen sich leicht zweckentfremden, zum Beispiel Zahnstocher, Wattebäusche, Alufolie, Papierservietten oder Streichholzschachteln.
Oft reicht auch ein Blick in die eigene Krimskrams-Schublade, um fündig zu werden.
Ein Tipp: Werfen Sie Originelles nicht weg. Früher oder später

findet sich bestimmt eine Verwendung für den Popcornbecher vom letzten Kinobesuch, das hübsche Marmeladenglas oder ein nicht bedrucktes Schächtelchen.

Was Sie eventuell kaufen müssen, um die Gutschein-Ideen nachzuarbeiten, gibt es im Laden um die Ecke: Fruchtgummitiere, kleine Wein-, Sekt- oder Wasserflaschen, Kuchenkerzen, Reinigungsmittel oder eine Dose Ravioli.

Profi-Tipps

So übertragen Sie die Vorlagen

Für einige Gutscheine finden Sie Vorlagen am Ende des Buches. Sie lassen sich am einfachsten mit Pauspapier übertragen: Legen Sie das Pauspapier zwischen das farbige Papier und die Vorlage und ziehen Sie alle Linien nach. Wenn Sie kein Pauspapier zur Hand haben, legen Sie Butterbrotpapier oder eine transparente Prospekthülle auf die Vorlage und ziehen die Linien mit Bleistift oder Folienstift nach. Im zweiten Schritt legen Sie Butterbrotpapier oder Prospekthülle auf das farbige Papier und ziehen die Konturen mit einem Kugelschreiber nach. Wenn Sie die Vorlage entfernen, zeichnen Sie die entstandenen Vertiefungen mit dem Bleistift nach.

So gelingen perfekte Schriftzüge

Nicht jeder hat eine gleichmäßige Handschrift zur Beschriftung der Gutschein-Schilder. Besonders professionell wirken die Gutschein-Schilder, wenn sie auf dem Computer ausgedruckt werden: Wählen Sie eine passende Schrift aus und stellen Sie die Größe entsprechend ein. Für Konturenschriften, die farbig ausgemalt werden, verwenden Sie den Ausdruck als Vorlage und übertragen ihn mit Pauspapier, Butterbrotpapier oder Folie auf die entsprechende Unterlage.

Freie Filmwahl

Über einen Gutschein für einen gemeinsamen Kinoabend freuen sich nicht nur echte Cineasten.

Das wird gebraucht

- großer Popcornbecher
- Popcorn
- Kinoprogramm
- Gutschein-Schild
- Kleber

So wird's gemacht

Heben Sie beim nächsten Kinobesuch Ihren Popcornbecher auf und füllen Sie ihn mit frischem Popcorn (natürlich können Sie sich auch einen gefüllten Becher im Kino besorgen!). Schneiden Sie aus der Zeitung das Kinoprogramm heraus und kleben Sie es auf den Becher. Bekleben Sie den Becher mit dem vorbereiteten Gutscheintext.

Tipp

Auch eine große Tüte Gummibärchen oder andere Naschereien eignen sich für diesen Gutschein. Hängen Sie einfach das Kinoprogramm und Ihre Einladung an die Tüte.

Vorhang auf!

Drama oder Komödie? Das darf der Empfänger des Theater-Gutscheins selbst bestimmen.

Das wird gebraucht

- Schachteldeckel (ca. 12 x 18 cm)
- weißes Papier
- Filzstift
- Kleber
- 3 Japanservietten
- dünne Geschenkschnur
- Stopfnadel

So wird's gemacht

Schneiden Sie ein Stück weißes Papier so zu, dass es genau in den Deckel passt. Schreiben Sie Ihren Text ins untere Drittel des Papiers und kleben Sie es in den Deckel hinein.
Bringen Sie mit Kleber an der oberen Kante eine Serviette als Schabracke an und kleben Sie die anderen Servietten jeweils seitlich als Vorhang an. Ziehen Sie nun mit Hilfe der Stopfnadel die Geschenkschnur rechts und links durch die Seitenteile des Deckels und binden Sie damit den Vorhang dekorativ zusammen.

Nightlife-Gutschein

Bei diesem Gutschein ist ganz klar, wer die Zeche für eine lange Nacht zahlt.

Das wird gebraucht

- farbiger Tonkarton (ca. 30 x 40 cm)
- 1 Bogen Papier
- Magazine
- Schere
- Kleber
- Filzstift

So wird's gemacht

Schneiden Sie Häuser, Getränke und Snacks aus Magazinen heraus und kleben Sie daraus eine Collage auf den Papierbogen. Malen Sie mit dem Filzstift eine Route um die Gegenstände herum.
Die fertige Collage kleben Sie zur Verstärkung auf farbigen Tonkarton.

Tipp

Sie können den Verlauf des gemeinsamen Abends auch genauer bestimmen, indem Sie aus der Tageszeitung oder dem Stadtmagazin die einzelnen Ziele bis zur Rufnummer des Taxis herausschneiden und aufkleben. Anstatt eine Collage zu kleben, könnten Sie den Ablauf des Abends natürlich auch zeichnen.

Höchst sommerlich!

Was gibt es Erfrischenderes bei größter Hitze als eine nasse Abkühlung? Da kommt ein Schwimmbad-Gutschein gerade recht.

Das wird gebraucht

- Haushaltsglas mit Deckel
- Wasser
- etwas Tinte
- Papier
- Filzstift
- Kleber
- kleine Badeente
- Schleife

So wird's gemacht

Kleben Sie den Gutscheintext auf das Glas, das Sie etwa zu drei Viertel mit Wasser füllen. Färben Sie das Wasser mit einem Tropfen Tinte blau und schmücken Sie den Deckel mit einem aufgeklebten Badeentchen und einer Schleife.

Tipp

Auf diese Weise können Sie auch eine Schwimmbad-Saisonkarte nett verschenken. Stecken Sie die Karte einfach in das geschmückte Glas, das Sie dann natürlich nicht mit Wasser füllen.

Tiefst winterlich!

So wird eine Schlittenfahrt inklusive Schneeballschlacht originell verschenkt – da fehlt nur noch die weiße Pracht!

Das wird gebraucht

- farbiger Tonkarton A4
- Pauspapier
- Cutter
- Lineal
- Schere
- Kleber
- Wattebällchen
- Geschenkband
- Gutschein-Schild

So wird's gemacht

Übertragen Sie die Schlittenvorlage (siehe Seite 58) mit Hilfe von Pauspapier auf den Tonkarton und schneiden Sie ihn sauber aus. Ritzen Sie die gestrichelten Falzkanten mit dem Cutter ganz leicht an.
Setzen Sie den Schlitten zusammen, indem Sie die vorgegebenen Flächen miteinander verkleben.
Verbinden Sie das Gutschein-Schild und den Schlitten mit Geschenkband.
Dekorieren Sie nun noch die »Winterfreude« mit aufgeklebten Wattebällchen und einer Schleife.

Spaß im Zoo

Über den Gutschein für einen Zoobesuch freuen sich vor allem die Kinder tierisch.

Das wird gebraucht

- 2 Kartonagenstücke (je ca. 15 x 20 cm)
- Cutter
- Lineal
- Bleistift
- Kleber
- Zahnstocher
- Kneifzange
- Fruchtgummitiere
- Filzstift

So wird's gemacht

Schneiden Sie zwei Kartonagenstücke aus und kleben Sie diese deckend aufeinander. Skizzieren Sie die späteren Käfige auf und »umzäunen« Sie diese entlang Ihrer Bleistiftlinie mit Zahnstochern, die Sie im Abstand von etwa 1 cm in die Kartonage hineinstecken.

Kürzen und begradigen Sie die »Zäune« mit der Kneifzange. Stecken Sie die Fruchtgummitiere auf Zahnstocher und platzieren Sie diese in den Käfigen. Zum Schluss schreiben Sie den Einladungstext mit Filzstift direkt auf die Kartonage.

Durch die dunkle Nacht!

Eine wahre Mutprobe: die Mitternachtswanderung durch die Dunkelheit.

Das wird gebraucht

- Schaschlikstäbe
- kleine Kuchenkerzen
- Messer
- Gutschein-Schildchen
- Kordelstück

So wird's gemacht

Kürzen Sie die kleinen Kuchenkerzen mit dem Messer auf ca. 2 cm und stecken Sie die Kerzen auf die Schaschlikstäbe. Verbinden Sie die kleinen »Fackeln« und das Gutschein-Schildchen mit einer Kordel.

Tipp

Natürlich können Sie für diesen Gutschein auch echte Fackeln verwenden.

Schnuller-Stunden

Ein kostbares Geschenk: »Zeit«

Das wird gebraucht

- Fruchtgummi-Schnuller
- Haushaltsglas
- Papier
- Filzstifte
- Kleber
- Miniatur-Babypüppchen

So wird's gemacht

Füllen Sie das Glas mit Fruchtgummi-Schnullern und kleben Sie ein Etikett mit der Angabe der »Schnuller-Zeiteinheit« darauf – beispielsweise dreißig Minuten für einen Schnuller. Dekorieren Sie den Deckel mit einem aufgeklebten Miniatur-Babypüppchen.

Tipp

Den eventuellen Werbeaufdruck auf dem Schraubdeckel können Sie mit einem wasserfesten Filzstift, einem Deko-Marker oder einem Malstift für Metall übermalen.

Zeit zu zweit!

»Wir nehmen mal eure Kinder!« Mit so einem Romantik-Gutschein wird es ein schöner Abend miteinander.

Das wird gebraucht

- Piccolo-Sektflasche
- Papier
- Filzstift
- kleine Deko-Herzen
- Kleber

So wird's gemacht

Bekleben Sie die Piccolo-Flasche mit einigen Deko-Herzen. Schneiden Sie ein Stück Papier so zu, dass das ursprüngliche Flaschenetikett abgedeckt wird, und schreiben Sie den Gutscheintext darauf.

Tipp

Auf diese Weise können Sie natürlich auch Ihr eigenes Herzblatt zu einem romantischen Abend zu zweit einladen!

Urlaubszeit

Es müssen ja nicht gleich 14 Tage sein – auch über einen Gutschein für ein Wochenende freut man sich riesig!

Das wird gebraucht

für den Strandkorb
- gemustertes Tonpapier
- Pauspapier
- Lineal
- Cutter
- Kleber
- Gutschein-Schild
- Zahnstocher

für den Schneeberg
- Zuckerhut
- Zahnstocher
- Klebefilm
- Gutschein-Schild
- Ringelband

So wird's gemacht

Strandkorb
Übertragen Sie mit Hilfe von Pauspapier die Strandkorbvorlage (siehe Seite 59) auf das gemusterte Tonpapier. Ritzen Sie zum besseren Falten die Falzlinien ganz leicht mit dem Cutter an.
Falten Sie den Strandkorb zusammen und kleben Sie beide Dachteile deckend aufeinander. Bringen Sie mit Kleber eine gebogene Sonnenblende an.
Nun kleben Sie die Sitzflächen jeweils seitlich im Korb an und befestigen das Gutschein-Schild mit einem Zahnstocher am Strandkorb.

Schneeberg
Bringen Sie einfach das Gutschein-Schild mit Klebefilm am Zahnstocher an und stecken Sie diesen in den Gipfel des Zuckerhutes.
Stechen Sie dafür eventuell mit einer Nadel das Loch etwas vor. Fertig ist der schneebedeckte Berg!

Tipp

Einen schneebedeckten Berg können Sie auch aus Styropor schnitzen.
Oder bemalen Sie einfach einen entsprechend geformten Stein mit weißer Farbe.

Ski-
wochen-
ende
1 Woche
Ostsee

Wandertag

Ein gemeinsamer Tag auf Schusters Rappen bringt eingeschworene Autofahrer auf Trab.

Das wird gebraucht

- Stofftaschentuch (ca. 40 x 40 cm)
- Geschenkband
- Gummiband
- Kleber
- »Proviant«
- Gutschein-Schild

So wird's gemacht

Breiten Sie das Taschentuch diagonal aus und legen Sie den »Proviant« (z.B. Müsliriegel, Bonbons, Schnapsfläschchen o.Ä.) in die Mitte des Tuches. Nehmen Sie zuerst die hintere und die seitlichen Ecken zusammen und stülpen Sie die vordere Ecke glatt darüber. Nehmen Sie alle Ecken mit einem Gummiband zusammen. Decken Sie das Gummiband mit Geschenkband ab.

Als Träger kleben Sie zwei etwa 20 cm lange Geschenkbandstücke daran, die Sie unten am Rucksack mit Kleber befestigen.

Zum Schluss befestigen Sie ein Gutschein-Schild am Rucksack.

Sunshine-Airlines

Hier legen viele zusammen und jeder bekommt einen Fensterplatz.

Das wird gebraucht

- Zeichenkarton
- Pauspapier
- Schere
- Cutter
- Lineal
- Filzstift
- Papier
- kleine Fotos
- Klebefilm
- gemusterter Tonkarton (Wolken)

So wird's gemacht

Übertragen Sie mit Hilfe von Pauspapier die Flugzeugteile von der Vorlage (siehe Seite 60) auf den Zeichenkarton. Schneiden Sie die Einzelteile aus (den Flügel doppelt) und ritzen Sie die Falzkanten an den Flügeln und am Höhenleitwerk an. Schneiden Sie die Fenster aus dem Rumpf. Platzieren Sie die Fotos hinter den Fenstern (mit Klebefilm fixieren). Dekorieren Sie das Flugzeug mit einem farbigen Filzstift. Schneiden Sie für Flügel und Höhenleitwerk an den auf der Vorlage markierten Stellen einen Schlitz in den Rumpf.

Kleben Sie die beiden Teile für den Flügel deckend gegeneinander. Achtung: Die markierten Flächen nicht aufeinander kleben! Schieben Sie nun den Flügel und das Höhenleitwerk in den Rumpf, biegen Sie die Klebeflächen auseinander und verkleben Sie diese auf der Rückseite.

Zum Schluss kleben Sie Ihren auf weiße Papierstücke geschriebenen Text auf.

Mache ich gerne für dich!
Ich kümmere mich, während du weg bist!

Urlaubsvertretung

Waldi, Post und Blumen gut versorgt? Da fährt man nochmal so gerne in den Urlaub.

Das wird gebraucht

für den Hund

- schwarzer Karton
- weißer Kartonstreifen
- Pauspapier
- Schere
- weißer Gelstift
- Kleber

für den Haushüter

- verschiedene Kuverts
- Postkarte
- Kleber
- Schlüsselanhänger
- Schlüssel
- Ringelband
- Gutschein-Schild

für die Gießkanne

- Miniatur-Gießkanne
- klcinc Stoff oder Papierblumen
- Gutschein-Schild
- weißes Papier
- Kleber
- Geschenkband

So wird's gemacht

Hund
Den Hund übertragen Sie mit Pauspapier von der Vorlage (siehe Seite 60) auf schwarzen Karton und schneiden ihn aus. Malen Sie Schnauze und Auge auf und schreiben Sie Ihr Sitterangebot mit weißem Gelstift auf den Karton.
Für die Hundeleine schneiden Sie einen schmalen, etwa 20 cm langen Streifen aus weißem Papier zu. Kleben Sie das eine Ende der Leine um den Hals des Hundes und biegen Sie das andere Ende zur Schlaufe, die Sie mit etwas Kleber fixieren.

Haushüter
Kleben Sie die Kuverts und die Postkarte dekorativ übereinander. Ziehen Sie ein Ringelband durch den Stapel, an dem Sie einen Schlüsselanhänger mit ausgedientem Schlüssel befestigen.
Zum Schluss kleben Sie Ihren Gutscheintext auf die Postkarte.

Gießkanne
Füllen Sie die Gießkanne mit kleinen Stoff- oder Papierblumen und kleben Sie Ihren Gutscheintext direkt auf.
Eine Schleife gibt den letzten Schliff.

Dinner for two

Wunderbar - ein romantisches Essen zu zweit, denn Liebe geht durch den Magen!

Das wird gebraucht

- gemusterter Tonkarton
- Pauspapier
- Schere
- Geschenkband
- Miniatur-Besteck
- Gutschein-Schild
- Kleber

So wird's gemacht

Übertragen Sie die Herzform mit Hilfe von Pauspapier von der Vorlage (siehe Seite 60) auf den Tonkarton. Schneiden Sie das Herz aus und stechen Sie mit der Schere links und rechts je zwei Löcher im Abstand von etwa 1,5 cm in das Herz. Ziehen Sie farblich passendes Geschenkband durch die Löcher und binden Sie damit die Besteckteile an das Herz. Kleben Sie Ihren Gutscheintext im Herz auf.

Picknick-Gutschein

Ab ins Grüne und lecker essen!

Das wird gebraucht

- Kressekästchen
- gemusterter Tonkarton A4
- Cutter
- Lineal
- Kleber
- Lebensmittel-Abbildungen
- Karton
- Schere
- Zahnstocher
- Klebefilm

So wird's gemacht

Nehmen Sie die Plastikschale mit der Kresse aus dem Pappkästchen. Das leere Kästchen falten Sie vorsichtig auseinander, legen es auf den Tonkarton und umfahren die Außenkanten mit einem Stift. Markieren Sie die Falzkanten und ritzen Sie diese mit dem Cutter auf der gemusterten Seite leicht an. Nun schneiden Sie das Kästchen aus, falzen die vorgeritzten Kanten und kleben das Kästchen zusammen. Bekleben Sie eine Seite mit Ihrem Gutscheintext. Kresseschale wieder einsetzen. Für die Leckereien schneiden Sie etwa gleich große Lebensmittel-Abbildungen aus Zeitschriften aus, kleben sie zur Verstärkung auf Karton und schneiden sie sauber aus. Befestigen Sie mit Klebefilm hinter jeder Abbildung einen Zahnstocher und stecken Sie die Leckereien zwischen die Kresse.

Schlemmer-Gutschein

Pizza? Pasta? Oder gleich ein ganzes Menü? Danke für die Einladung!

Das wird gebraucht

- kleine Rotweinflasche, 0,25 l
- weißes Papier
- Filzstifte
- Schmetterlingsnudeln
- Serviette
- Kleber
- Kordel

So wird's gemacht

Lösen Sie das Flaschenetikett, messen Sie die Größe nach und malen Sie selbst ein passendes Etikett mit Ihrem Gutscheintext, das Sie auf die Flasche kleben. Schmücken Sie die Flasche mit aufgeklebten Schmetterlingsnudeln, einer Kordel um den Flaschenhals und einer passenden Papierserviette.
Dekoband und Textilblume runden das Geschenk ab.

Tipp

Mit dem passenden Getränk können Sie genauso zu anderen Schlemmereien einladen: mit dem Piccolo zum Sektfrühstück oder mit einem Obstsaft zum Vollwert-Menü.

Asiatisch genießen

Chop Suey, Sushi, Frühlingsrollen? Egal – fernöstlich klingt köstlich!

Das wird gebraucht

- Geschenkpapier mit Asien-Design
- Teller, ø ca. 24 cm
- Bleistift
- Schere
- schwarze Essstäbchen
- heller Gel- oder Lackstift
- Klebefilm

So wird's gemacht

Ziehen Sie mit Hilfe des Tellers einen Kreis auf der Rückseite Ihres Geschenkpapiers und schneiden Sie diesen sauber aus. Schneiden Sie den Kreis bis zur Mitte ein. Falten Sie nun den Kreis, beginnend an einer gedachten Linie in Verlängerung des Einschnitts, in beide Richtungen bis zum Einschnitt im Zickzack.

Kleben Sie die entstandenen Spitzen am Einschnittende mit Klebefilm zusammen. Beschriften Sie die Stäbchen mit dem Gutscheintext und bringen Sie diese mit Klebefilm am Papierfächer an.

Zum Schluss verdecken Sie den Klebefilm mit einem Streifen des gleichen Papiers.

Einladung ins Café

Kaffee, Sahnetorte und ein Likörchen?
Das verspricht ein netter Nachmittag zu werden.

Das wird gebraucht

- Filtertüte
- Tortendeckchen, ø 17 cm
- Filzstift

So wird's gemacht

Beschriften Sie einfach eine Filtertüte oder ein kleines Tortendeckchen mit einem Filzstift in der Farbe Ihrer Wahl.

Tipp

Eine beschriftete Filtertüte können Sie auch als originelle Einladung zum Frühstück oder zum Brunch verschicken. Das Tortendeckchen eignet sich ebenfalls als Einladung, zum Beispiel zu einer Taufe.

Glühwein inklusive!

Lebkuchen, Weihnachtsstimmung und noch etwas Schnee? Perfekt!

Das wird gebraucht

- runde Lebkuchen
- Kochlöffel
- Ringelband
- Weihnachtsanhänger
- Gutscheinanhänger

So wird's gemacht

Stechen Sie mit einem Kochlöffelstiel oder etwas Passendem ein Loch durch einen Lebkuchen. Hängen Sie einfach den beschrifteten Gutscheinanhänger zusammen mit einem Weihnachtsanhänger mit Ringelband daran.

Tipp

Ein so gestalteter Lebkuchen könnte auch zur Nikolausfeier oder zum Adventskaffee einladen.

Stadt oder Land?

Qual der Wahl: Lieber eine »Fahrt ins Grüne« oder ein gemeinsamer Einkaufsbummel in der City?

Das wird gebraucht

- gemustertes Tonpapier A4
- Pauspapier
- Lineal
- Cutter
- Kleber
- Schere
- Gutschein-Schild
- Wollfaden

So wird's gemacht

Übertragen Sie die Auto- oder Tütenvorlage (siehe Seite 61) mit Hilfe von Pauspapier auf das Tonpapier. Schneiden Sie die Vorlage mit Cutter und Lineal exakt aus und ritzen Sie die gestrichelten Falzkanten auf der gemusterten Seite des Tonpapiers leicht an.
Falten Sie das Auto oder die Tüte und kleben Sie die vorgesehenen Klebeflächen zusammen. Hängen Sie das entsprechende Gutschein-Schild mit einem farblich passenden Wollfaden an.
Für die Trageriemen der Tüte können Sie statt der Wollfäden auch passende Geschenkbänder anbringen.

Einkaufsbummel
mit mir!

Renovierungshilfe

Bei zwei linken Händen kommt wahre Freude auf, wenn echte Tatkraft verschenkt wird.

Das wird gebraucht

- Holzbrettchen
- Malfarbe
- Pinsel
- wasserfester Filzstift
- Geschenkband

So wird's gemacht

Streichen Sie das Brettchen in der oberen Hälfte mit der Malfarbe an und lassen Sie die Farbe gut trocknen. Schreiben Sie Ihren Helfer-Spruch mit wasserfestem Filzstift direkt auf das Brett oder übertragen Sie eine am Computer ausgedruckte Konturschrift darauf, die Sie mit einem passenden Filzstift ausmalen.
Eine Schleife gibt Ihrem Streich-Gutschein einen zusätzlichen Akzent.

Tipp

Wenn Sie kein geeignetes Brettchen zur Hand haben, können Sie als Untergrund auch ein Stück Pappe verwenden.

Tapetenwechsel

Ein willkommener Gutschein für alle Heimwerker-Muffel: Tapezierhilfe.

Das wird gebraucht

- starker Zeichenkarton A4
- Geschenkpapier
- Kleber
- Filzstifte
- Geschenkband

So wird's gemacht

Schreiben Sie den Gutscheintext oben rechts auf den Karton. Schneiden Sie aus dem Geschenkpapier einen passenden Streifen zu. Er sollte etwa textbreit sein und der Höhe des Kartons entsprechen. Kleben Sie diesen Streifen in der unteren Hälfte auf den Karton. Biegen Sie die rechte lose Ecke des Papiers nach unten und kleben Sie diese fest, so dass der Text gut lesbar ist. Bekleben Sie den noch sichtbaren Karton mit einer passend zugeschnittenen Bahn Geschenkpapier und schmücken Sie den fertigen Gutschein mit einer Schleife.

UMZUGSHILFE
UMZUGSHILFE
UMZUGSHILFE
Schaffe, schaffe,
Häusle baue!
Und ich schaff 5 Tage mit!

Geschenkte Muskelkraft

Ob Umzug oder Hausbau, Mithilfe kommt da immer super an.

Das wird gebraucht

für die Umzugskartons
- 9 Streichholzschachteln
- Packpapier
- Schere
- Kleber
- Filzstift

für die Hauswand
- roter Tonkarton A4
- weißer Gel- oder Lackstift
- Lineal
- Cutter
- Papier
- Filzstift
- Kleber
- Schleife

So wird's gemacht

Umzugskartons
Wickeln Sie je drei Streichholzschachteln in Packpapier ein. Decken Sie die Verschlussseiten mit einem Stückchen Packpapier ab und malen Sie einen kleinen Tragegriff an die »Umzugskartons«. Beschriften Sie die Kartons und kleben Sie diese übereinander.

Hauswand
Zeichnen Sie auf den Karton mit weißem Gel- oder Lackstift ein Ziegelsteinmuster. Schneiden Sie mit dem Cutter Fenster und Türen sauber aus und bekleben Sie die Hausfassade mit dem Gutschein-Schild und einer Schleife.

Rasenmäher

Wer dieser grasgrünen Aufgabe gewachsen ist, der macht Gartenbesitzern eine große Freude!

Das wird gebraucht

- Kressekästchen
- gemusterter Tonkarton
- Cutter
- Lineal
- Kleber
- Rasenmäher-Abbildung
- Karton
- Schere
- Gutschein-Schild
- Wollfaden o.Ä.

So wird's gemacht

Falten Sie das leere Kressekästchen vorsichtig auseinander und nehmen Sie die Kresseschale heraus. Legen Sie das Kästchen als Vorlage auf den gemusterten Tonkarton und umfahren Sie die äußeren Kanten mit einem Stift. Markieren Sie die Falzkanten und ritzen Sie diese auf der gemusterten Seite mit dem Cutter leicht an.

Nun schneiden Sie das Kästchen aus, falten es und kleben die Seiten zusammen.
Kleben Sie die grob ausgeschnittene Rasenmäher-Abbildung zunächst zur Verstärkung auf einen Karton und schneiden Sie sie erst dann sauber aus.
Hängen Sie den Rasenmäher und ein Gutschein-Schild an das gefüllte Kressekästchen.

Herbstlaub

Ein Korb bunter Blätter mit kleiner Harke – da naht echte Hilfe gegen die herbstliche Blätterflut!

Das wird gebraucht

- kleines Körbchen
- echtes oder Deko-Herbstlaub
- Miniaturharke
- Gutschein-Schild
- Kleber

So wird's gemacht

Füllen Sie das Körbchen dekorativ mit dem Laub. Bringen Sie das Gutschein-Schild auf dem Korb an und kleben Sie die Harke fest.

Tipp

Ein Körbchen finden Sie sicher bei Ihrer Osterdekoration und eine kleine Harke ist schnell gebastelt: Schneiden Sie einen Streifen von einem Radiergummi herunter und stecken Sie auf der einen Seite einen Schaschlikstab hinein und in die andere einige gekürzte Zahnstocher.

Frühjahrsputz

Gemeinsam geht es nicht nur besser, sondern auch viel schneller.

Das wird gebraucht

- Putzmittel-Flasche
- Gummihandschuhe
- Lack- oder Dekostift
- Filzstifte
- Papier
- Gutschein-Schild
- Kleber

So wird's gemacht

Entfernen Sie das Hersteller-Etikett von der Putzmittel-Flasche. Zeichnen Sie mit Filzstiften ein buntes Etikett und kleben Sie es auf die Flasche. Bemalen Sie die Gummihandschuhe mit dem Lack- oder Dekostift und drapieren Sie diese dekorativ um die Flasche.

Tipp

Wenn Sie keine unbedruckte Flasche im Handel finden, von der Sie nur das Etikett lösen müssen, hängen Sie einfach Ihren Gutscheintext als Anhänger an den Flaschenhals.

3 x Auto waschen

Das ist der passende Gutschein für echte Waschanlagen-Gegner!

Das wird gebraucht

- kleiner Sandeimer
- kleiner Schwamm
- Kordel
- Papier in der Farbe des Eimers
- heller Gel- oder Lackstift
- Kleber

So wird's gemacht

Schreiben Sie Ihren Gutscheintext mit dem hellen Stift auf das farbige Papier und kleben Sie das Etikett auf den Eimer.
Vervollständigen Sie den Autowasch-Gutschein mit einem angehängten Schwamm, den Sie mit einer Kordel am Henkel befestigen.

Tipp

In Schreibwaren- oder Bastelartikelläden gibt es spezielle Filzstifte für dunkle Hintergründe zu kaufen. Damit können Sie zum Beispiel mit Gelb oder Hellblau auf Schwarz schreiben und malen.

Schnipp-schnapp ...

Wie wär's mit neuem Styling für die Freundin oder einer frischen Dauerwelle für die Oma?

Das wird gebraucht

- Zeichenkarton
- Filzstifte
- Wolle
- dicke Stopfnadel
- Schere
- Klebefilm

So wird's gemacht

Zeichnen Sie mit Filzstiften ein lustiges Gesicht auf den Zeichenkarton. Fädeln Sie einen langen Wollfaden in die Stopfnadel und ziehen Sie diesen über die ganze Kopfform durch den Karton. Lassen Sie dabei auf der Gesichtsseite je nach gewünschter Haarlänge den Faden als kurze oder lange Schlaufe hängen. Für die lockigen Haare lassen Sie den Faden als Schlaufe, für die glatten Haare schneiden Sie die Schlaufen auf. Fixieren Sie die Fäden auf der Rückseite mit Klebefilm. Zum Schluss beschriften Sie Ihren Gutschein mit einem passenden Text. Deuten Sie den Friseurbesuch mit einer aufgemalten Schere an.

Entspannung pur ...

Sich mal so richtig verwöhnen lassen, das hat jeder gern.

Das wird gebraucht

- Zeichenkarton
- Pauspapier
- Schere
- Kleber
- Bunt- und Filzstifte
- kleines Handtuch
- Geschenkband

So wird's gemacht

Übertragen Sie mit Hilfe von Pauspapier Gesicht und Nase auf Zeichenkarton (Vorlagen siehe Seite 61). Malen Sie die Details mit Filzstift nach und kolorieren Sie die Gurkenscheiben mit Buntstift. Die Nase falten Sie entlang der angegebenen Falzkanten und kleben sie auf das Gesicht.

Schlagen Sie das Handtuch dekorativ um den Kopf und halten Sie es mit Geschenkband zusammen.

Tipp

Wenn Sie es lustig mögen, kleben Sie das Gurkenmasken-Gesicht auf eine echte Salatgurke.

Wohlige Wärme

Das tut gut: mit Sauna- oder Solarium-Gutschein angenehm ins Schwitzen kommen.

Das wird gebraucht

für den Solarium-Gutschein
- gelbe Wellpappe
- Pauspapier
- Schere
- Klebefilm
- gemustertes Tonpapier
- schwarzer Tonkarton
- Klebefilm
- Gutschein-Schild
- Kleber

für den Sauna-Gutschein
- kleine Wasserflasche
- Gästehandtuch
- Geschenkband
- Gutschein-Schild
- Kleber

So wird's gemacht

Solarium-Gutschein
Übertragen Sie mit Hilfe von Pauspapier die Sonne auf die Rückseite der Wellpappe und die Brille auf das gemusterte Tonpapier (Vorlagen siehe Seite 62). Schneiden Sie Sonne und Brille aus. Kleben Sie die Brille auf den schwarzen Tonkarton und schneiden Sie den überstehenden Karton sauber ab. Die Brillenbügel knicken Sie an den Falzkanten nach hinten.
Schneiden Sie nun in Brillenbreite links und rechts je einen Schlitz in die Sonne, der so breit sein muss, dass die Brillenbügel hindurchpassen.
Fixieren Sie die Bügel auf der Rückseite der Sonne mit etwas Klebefilm.
Zum Schluss bringen Sie Ihr Gutschein-Schild mit Kleber auf der Sonne an.

Sauna-Gutschein
Entfernen Sie das Etikett von der Wasserflasche und kleben Sie stattdessen den Gutscheintext auf die Flasche.
Legen Sie das Gästehandtuch eng um die Flasche und binden Sie eine farblich passende Schleife darum.

Tipp

Statt der Wasserflasche können Sie auch eine Flasche Sauna-Aufguss verwenden.

SOLARIUM
GUTSCHEIN
SAUNA
GUTSCHEIN

Tennis-Training

Aus der Übung? Macht nichts. Jetzt gibt es Trainerstunden – pro Ball eine.

Das wird gebraucht

- Tennisbälle
- grünes Gemüsenetz
- Schere
- Geschenkband
- Bändchen
- Gutschein-Anhänger

So wird's gemacht

Legen Sie den Tennisball ins Gemüsenetz. Nehmen Sie das offene Ende des Netzes mit einem Geschenkband zusammen, das Sie zur Schleife binden. Den Gutschein-Anhänger hängen Sie einfach mit einem Bändchen an den eingepackten Ball.

Tipp

Sie können auch mehrere Bälle in ein Netz legen. Beschriften Sie dann einfach die Bälle direkt mit einem Filzstift.

Schnuppergutschein

Probieren geht über Studieren und eine Schnupperstunde kostet nicht die Welt.

Das wird gebraucht

- Schachteldeckel
- Tonkarton mit Bilderdruck »Gras«
- Schere
- Kleber
- kleine weiße Kugel
- Papier
- Filzstift
- Schaschlikstab
- Geschenkband

So wird's gemacht

Bekleben Sie den Schachteldeckel mit passend zugeschnittenen Tonkarton-Flächen. Schneiden Sie auf der Oberseite ein kleines Zielloch hinein. Schreiben Sie den Gutscheintext auf das weiße Papier und zeichnen Sie ein Fahnen-Dreieck um den Text herum. Falten Sie das Papier genau an der kurzen Seite des Dreiecks und schneiden Sie beide Papierlagen zusammen aus. Legen Sie den Schaschlikstab zwischen das entstandene Doppeldreieck und verkleben Sie die Flächen. Stecken Sie nun die Lochfahne in das Golffeld, das Sie mit einer aufgeklebten weißen Kugel als Golfball komplettieren. Schmücken Sie den Golfplatz mit einem zur Schleife gebundenen Geschenkband.

MUSKEL-GUTSCHEIN
FITNESS-GUTSC

Fit for fun

So hilft man Fitness-Muffeln garantiert auf die Sprünge!

Das wird gebraucht

für den Muskelmann
- Foto des Empfängers
- Körperfoto aus Magazin
- Zeichenkarton
- Schere
- Kleber
- Sockel mit Loch (Holz, Kunststoff oder Metall)
- Schaschlikstab
- Klebefilm
- Gutschein-Schild

für die Hanteln mit Matte
- Wellpappe in verschiedenen Farben
- Schere
- Kleber
- Schaschlikstab
- Gutschein-Schild

So wird's gemacht

Muskelmann
Zuerst schneiden Sie den Kopf des Empfängers aus einem Foto heraus. Schneiden Sie einen zur Kopfgröße proportional passenden Körper aus einem Magazin grob aus und kleben Sie ihn auf den Zeichenkarton. Kleben Sie den Kopf dazu und schneiden Sie erst jetzt den gesamten Körper exakt aus. Bringen Sie den Schaschlikstab mit Klebefilm auf der Rückseite des Körpers an und stecken Sie ihn in das Loch des Sockels. Versehen Sie zum Schluss den Muskelmann mit einem aufgeklebten Gutschein-Schild.

Hanteln mit Matte
Schneiden Sie für die Kurzhanteln vier 1 cm breite und 21 cm lange Streifen aus Wellpappe zu, die Sie einzeln eng aufrollen und am Ende verkleben. Stecken Sie je eine Rolle auf beide Seiten eines auf 5 cm gekürzten Schaschlikstabs. Für die Langhantel rollen Sie je zwei Streifen hintereinander zu einer größeren Rolle und stecken diese auf ein nicht beschnittenes Stäbchen. Für die Matte schneiden Sie einfach ein etwa 10 x 20 cm großes Wellpappestück aus, das Sie mit dem Gutschein-Schild und den Hanteln versehen.

Hier blüht dir was!

Eine Serviettenblume ist schnell gemacht.

Das wird gebraucht

- Gutschein aus dem Blumenladen
- farbiges Kuvert
- Serviette
- Schere
- Kleber

So wird's gemacht

Schneiden Sie die Serviette in vier gleiche Quadrate und falten Sie diese Quadrate zweimal, so dass vier kleinere Quadrate entstehen. Halten Sie jeweils die geschlossene Ecke fest und schneiden Sie einen Bogen von der rechten Ecke zur linken, so dass ein Viertelkreis entsteht. Schneiden Sie beim zweiten, dritten und vierten Quadrat jeweils einen halben Zentimeter mehr ab als beim zuvor geschnittenen.

Falten Sie nun jeweils die Viertelkreise zweimal Kante auf Kante. Schneiden Sie aus dem entstandenen Sechzehntelkreis, jeweils von den Bogenenden ausgehend, eine etwa 2 cm lange Kerbe heraus.

Nun können Sie alle Teile auseinander falten. Verkleben Sie die Blumenschichten der Größe nach mittig übereinander.

Parfümerie-Gutschein

Freie Wahl für die Schönheit.

Das wird gebraucht

- Gutschein aus der Parfümerie
- farbiges Kuvert
- kleiner Deko-Rahmen mit Rose
- Kosmetik-Abbildungen

So wird's gemacht

Rahmen Sie einfach die Abbildung eines Kosmetikartikels, die Sie aus einem Magazin herausschneiden. Ein schlichter Rahmen bekommt mit einer Seiden- oder Papierblume, die farblich zur Abbildung passen sollte, einen zusätzlichen Akzent.

Tipp

Statt der Kosmetik-Abbildung können Sie auch ein schönes Foto der Empfängerin rahmen. Mit dem Spruch »Damit du so hübsch bleibst!« kommt der Gutschein doppelt gut an.

Hitverdächtig

Mit einem CD-Gutschein treffen Sie garantiert den richtigen Ton.

Das wird gebraucht

- CD
- Zeichenkarton
- Buntpapier
- Alufolie
- Schere
- Klebefilm
- Filzstift
- Schleife

So wird's gemacht

Legen Sie als Vorlage eine CD auf den Zeichenkarton und umfahren Sie die Außenkante und die mittlere Öffnung mit einem Stift. Schneiden Sie die Karton-CD sauber aus und überziehen Sie diese möglichst glatt mit Alufolie, die Sie auf der Rückseite mit Klebefilm fixieren. Bekleben Sie nun die CD mit einem Mittelkreis aus Buntpapier, Ihrem Gutscheintext und einer farblich passenden Schleife.

Bestseller gefällig?

Mit einem Buch-Gutschein überraschen Sie auch Leseratten.

Das wird gebraucht

- Tonkarton
- Schere
- Locher
- Bestseller-Listen
- Kleber
- Wollfaden
- Gutschein-Schild

So wird's gemacht

Schneiden Sie eine Bestseller-Liste aus einem Magazin aus und kleben Sie die Liste auf einen passend zugeschnittenen Tonkarton. Lochen Sie den Karton oberhalb der aufgeklebten Liste.

Für die Quaste nehmen Sie vier etwa 20 cm lange Wollfäden in der Mitte zu einer Schlaufe zusammen, die Sie durch das Loch stecken. Nun schieben Sie die losen Fäden durch die Schlaufe und ziehen die Quaste fest. Schneiden Sie das Ende der Fäden gerade ab. Bekleben Sie das Lesezeichen mit Ihrem Gutscheintext.

C&A, H&M, K&L ...?

Gutschein für ein tolles Outfit – das kommt bei Alt und Jung gut an.

Das wird gebraucht

für die Sandalen

- gemusterter Tonkarton A4
- Pauspapier
- Schere
- Tacker
- Kleber
- Gutschein-Schild

für die Shirt-Parade

- Bekleidungs-Abbildungen
- Karton
- Kleber
- Schere
- Locher
- Schlüsselring
- Gutschein-Anhänger

So wird's gemacht

Sandalen
Übertragen Sie mit Hilfe von Pauspapier die Sandalensohlen von der Vorlage (siehe Seite 62) auf Tonkarton und schneiden Sie diese aus.
Schneiden Sie vier 15 cm lange und 1,5 cm breite Tonkartonstreifen zu und tackern Sie diese Streifen als Riemchen über Kreuz auf die Sohlen.
Schneiden Sie aus dem Rest des Tonkartons ein Rechteck, auf dem Sie die Sandalen befestigen, und kleben Sie das Gutschein-Schild auf.

Shirt-Parade
Schneiden Sie einige Bekleidungsstücke aus einem Katalog grob heraus und kleben Sie diese auf den Karton. Schneiden Sie die Bekleidungsstücke nun erst genau aus.
Lochen Sie die Kleider sowie ein Gutschein-Schild und hängen Sie alles an einen Schlüsselring.

Möbel-Mobile

Stuhl, Tisch, Kommode, Regal?
Das ist hier ganz egal!

Das wird gebraucht

- 2 Schaschlikstäbe
- Stopfgarn und Nadel
- Möbel-Abbildungen
- Zeichenkarton
- Filzstift
- Schere
- Kleber
- Geschenkband

So wird's gemacht

Schneiden Sie drei Möbelstücke grob aus einem Magazin heraus und kleben Sie diese und Ihr Gutschein-Schild auf den Karton.
Schneiden Sie erst jetzt alles exakt aus.
Die Stäbe legen Sie mittig über Kreuz und binden sie mit dem Stopfgarn in der Mitte zusammen.
Fädeln Sie Stopfgarn durch die einzelnen Möbelstücke und das Schild und knoten Sie jeweils ein Element an ein Stabende.
Verschieben Sie die Knoten auf dem Stab, bis das Mobile gerade hängt.
Schmücken Sie das Mobile mit einer Schleife.

Bildungslücken schließen

Nobody is perfect. Warum also nicht mal einen Computer- oder Sprachkurs verschenken?

Das wird gebraucht

für den Computerkurs
- aufblasbarer Computer
- Papier
- Filzstift
- Schaumzucker-Mäuse
- Kleber

für den Sprachkurs
- Zeichenkarton
- Pauspapier
- Schere
- Ballon
- wasserfester Filzstift
- Klebefilm
- Schaschlikstab
- Geschenkband

So wird's gemacht

Computerkurs
Aufblasbare Computer bekommen Sie in Geschenkeläden. Schieben Sie einfach Ihren eigenen Gutscheintext in die vorgesehene Tasche. Ist keine Tasche vorhanden, kleben Sie das Papier mit dem Gutscheintext auf.
Dekorieren Sie den Computer mit aufgeklebten Schaumstoff-Mäusen.

Sprachkurs
Übertragen Sie Mund, Augen und Sprechblase mit Hilfe von Pauspapier von der Vorlage (siehe Seite 63) auf Zeichenkarton und schneiden Sie die Teile aus.
Blasen Sie den Ballon auf und platzieren Sie Mund und Augen mit Klebefilm auf der Oberfläche. Die Wimpern und die Nasenlöcher malen Sie mit dem Filzstift direkt auf. Beschriften Sie die Sprechblase und fixieren Sie diese mit Klebefilm am Ballon.
Befestigen Sie zum Schluss einen Schaschlikstab mit Geschenkband am Ballonnippel.

Gutschein
für einen
Computerkurs
PREMIUM
You will speak English soon!
Come si dice questo in italiano?

Kochkurs-Gutschein

Das Ende der Fastfood-Ära! Ab jetzt wird gekocht, und zwar vom Feinsten!

Das wird gebraucht

- Dosenmahlzeit
- Papier
- Filzstifte
- Kleber
- 2 rote Papierstreifen
- Geschenkband

So wird's gemacht

Beschriften Sie einen passend zugeschnittenen Papierstreifen mit »Kochkurs« und kleben Sie diesen auf die Dose. Die Dosenbeschriftung streichen Sie mit zwei aufgeklebten roten Papierstreifen durch.
Zum Schluss schmücken Sie die Dose mit einer Schleife.

Tipp

Das Angebot an Fastfood ist unerschöpflich. Statt einer Dosenmahlzeit können Sie auch eine Tütensuppe oder eine Backmischung (»Backkurs«) verwenden.

Talentsuche

Hier werden schlummernde Picassos geweckt, denn jetzt gibt es einen Malkurs geschenkt!

Das wird gebraucht

- kleiner Rahmen
- schwarzer Filzstift
- Schere
- schwarzer Tonkarton
- Pauspapier
- weißes Papier
- Kleber
- Pinsel

So wird's gemacht

Übertragen Sie mit Hilfe von Pauspapier die Mona Lisa von der Vorlage (siehe Seite 63) auf weißes Papier, setzen Sie den Text hinzu und rahmen Sie das fertige Bild.
Übertragen Sie die Palette auf schwarzen Tonkarton und schneiden Sie diese aus. Die Palette bekleben Sie mit weißen Farbklecksen aus Papier.

Tipp

Wenn Sie gut zeichnen können, malen Sie statt der Mona Lisa ein Porträt des Empfängers.

Vorlagen

Die Vorlagen sind entweder in Originalgröße oder verkleinert dargestellt.
Damit Sie die verkleinerten Vorlagen auf einem Kopiergerät entsprechend vergrößern können, sind die jeweiligen Vergrößerungsfaktoren (entweder 141% oder 200%) überall angegeben.
Diese Faktoren sind an den meisten Kopiergeräten mit einem Tastendruck einstellbar.
Die Anordnung der Vorlagen entspricht der Reihenfolge im Buch.

S. 13
(Originalgröße)

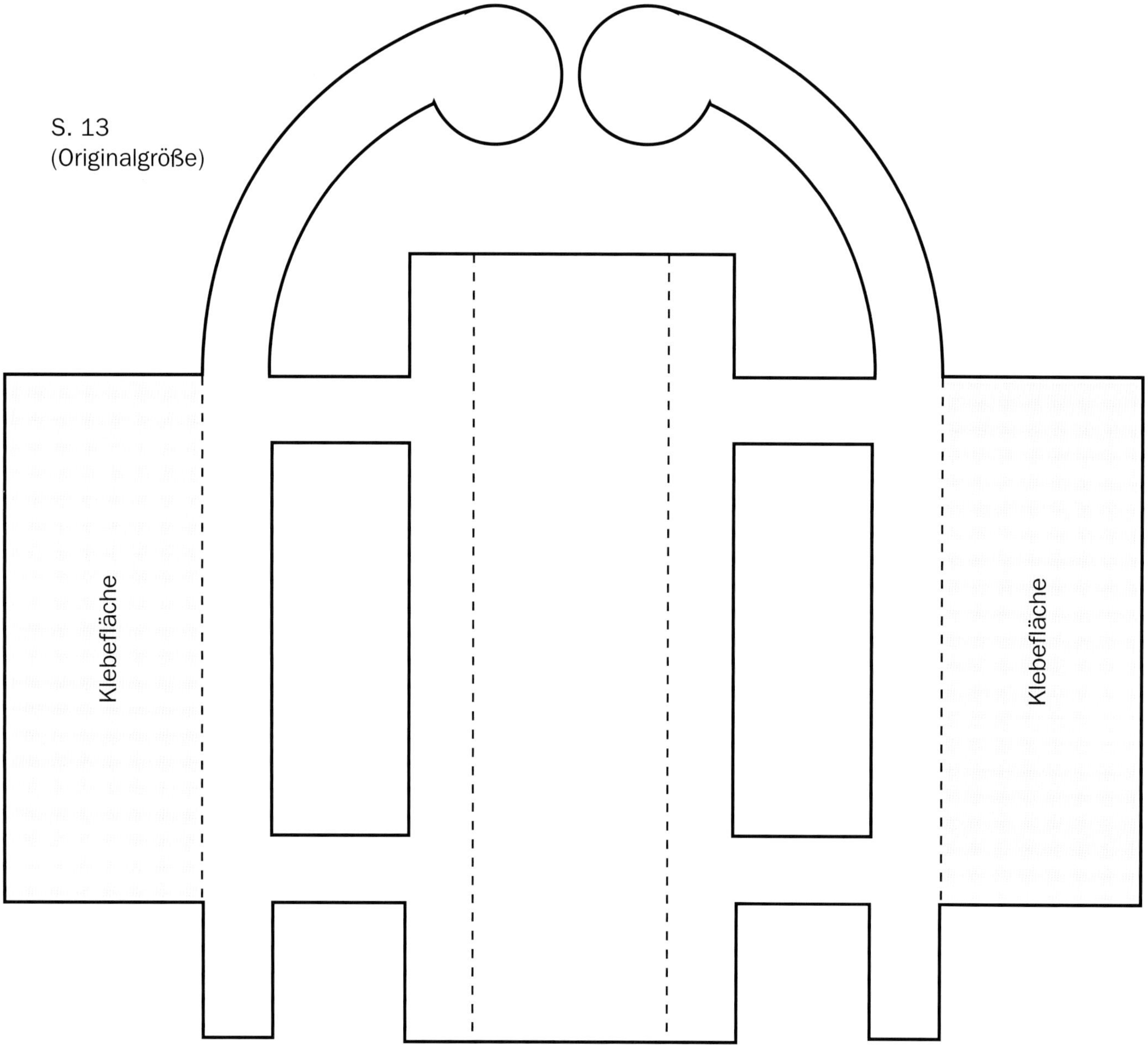

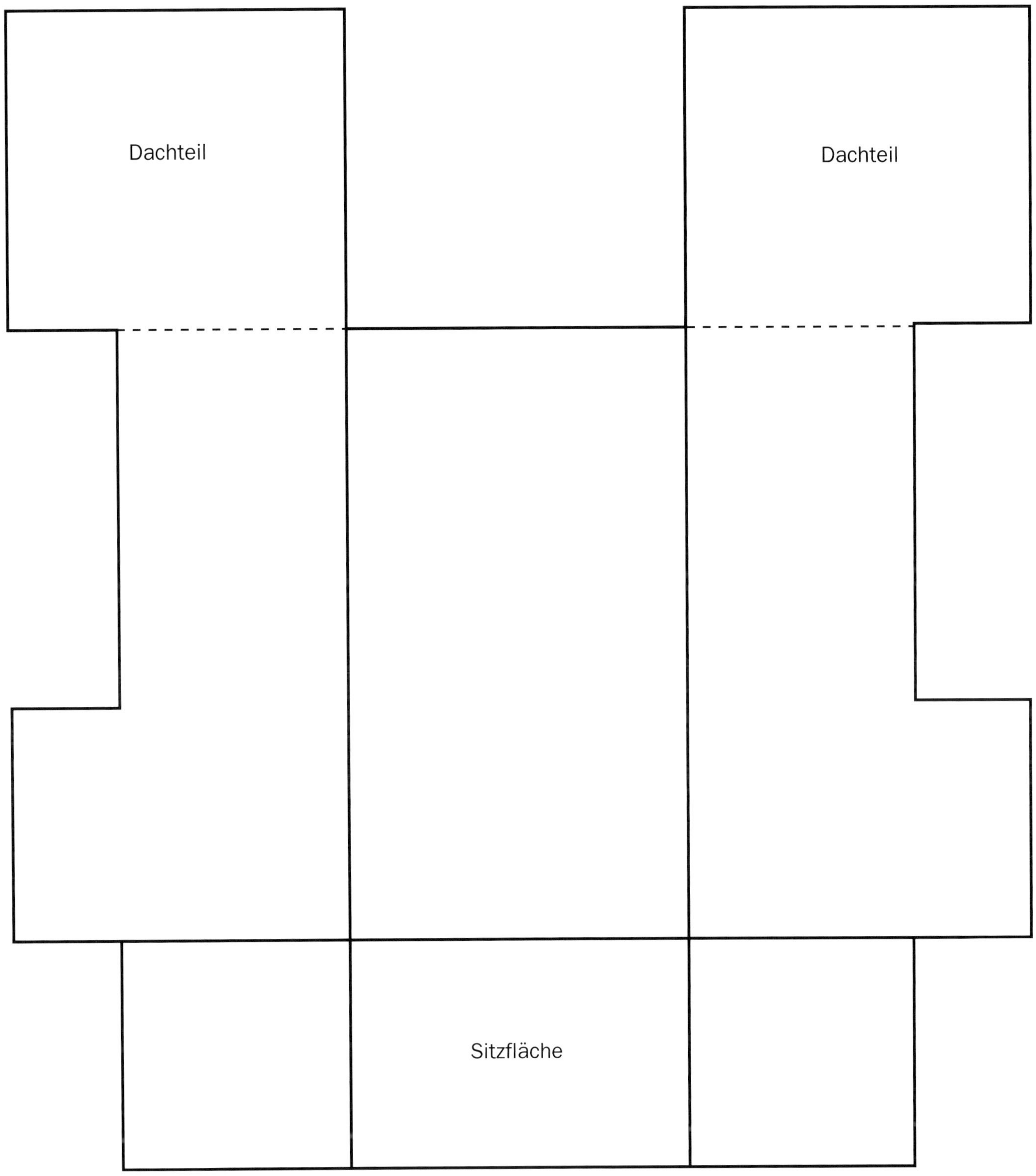

S. 18/19 (Originalgröße)

S. 21
(70% verkleinert,
Vergrößerungsfaktor
141%)

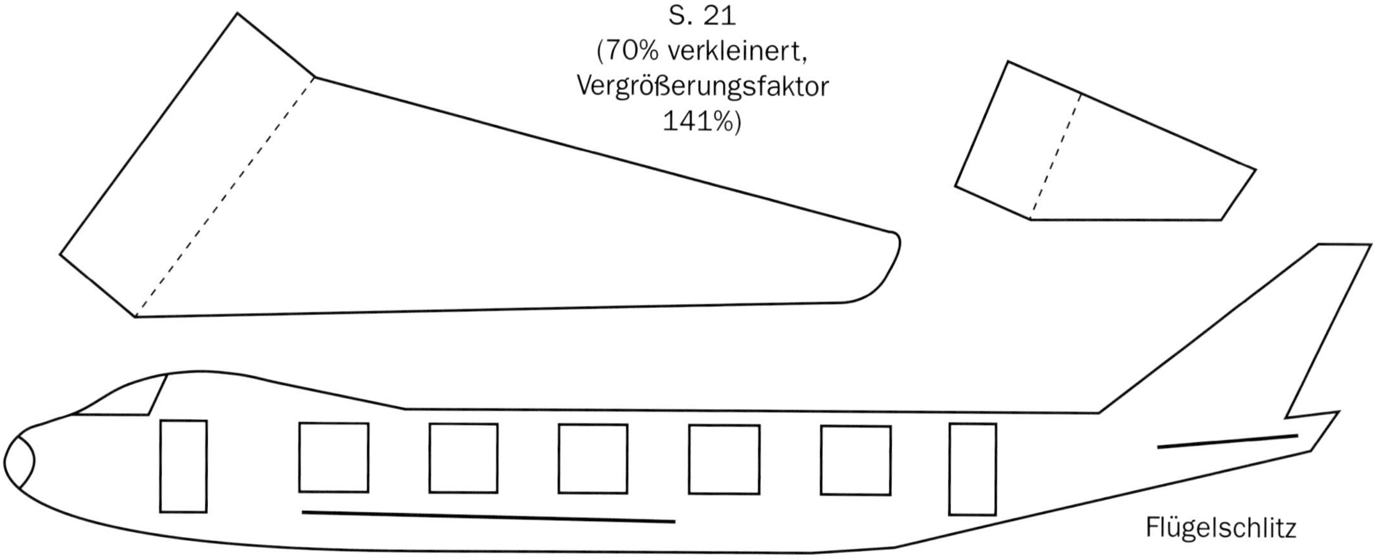

S. 22/23
(70% verkleinert,
Vergrößerungsfaktor
141%)

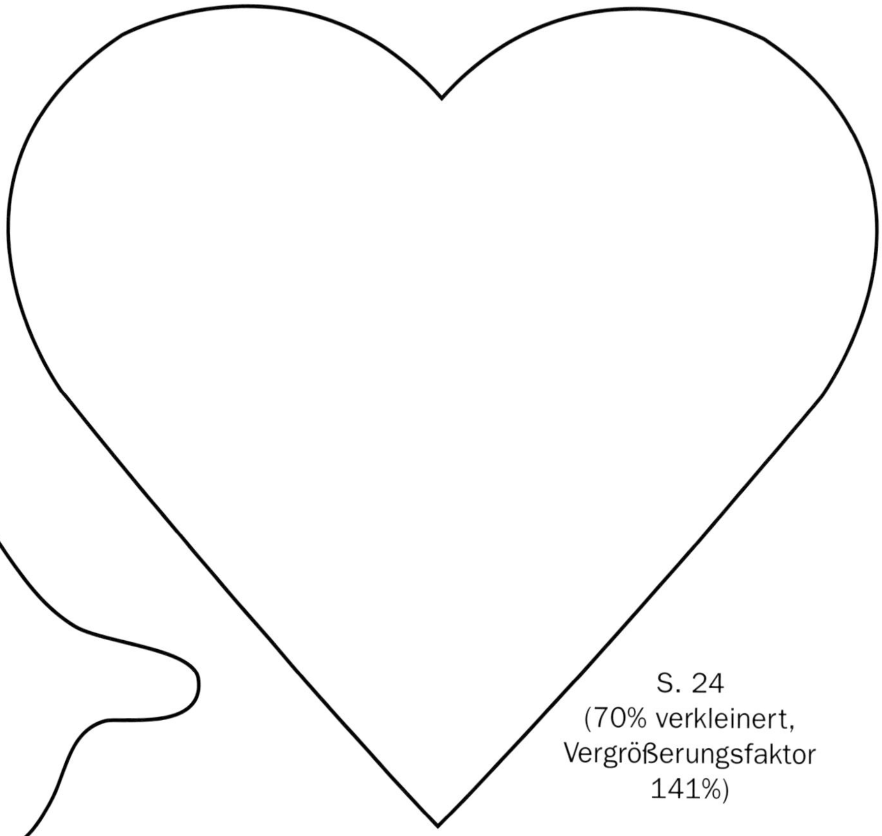

S. 24
(70% verkleinert,
Vergrößerungsfaktor
141%)

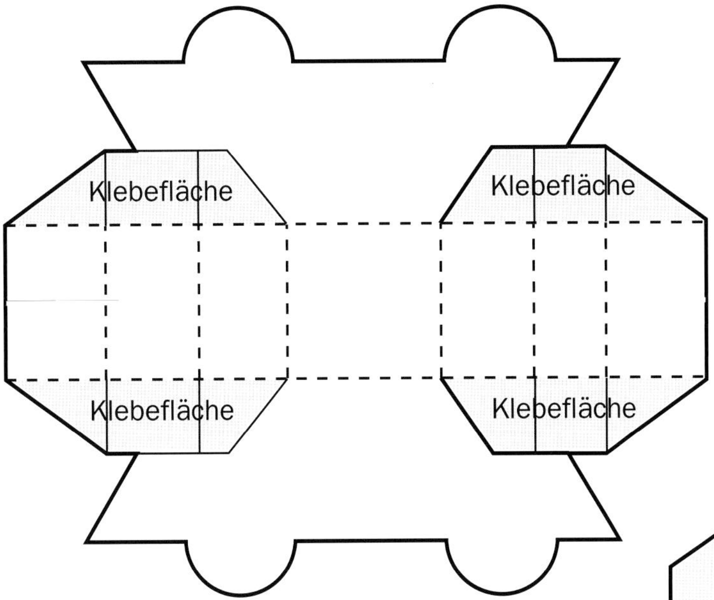

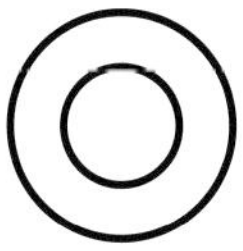

S. 30/31
(50% verkleinert,
Vergrößerungsfaktor
200%)

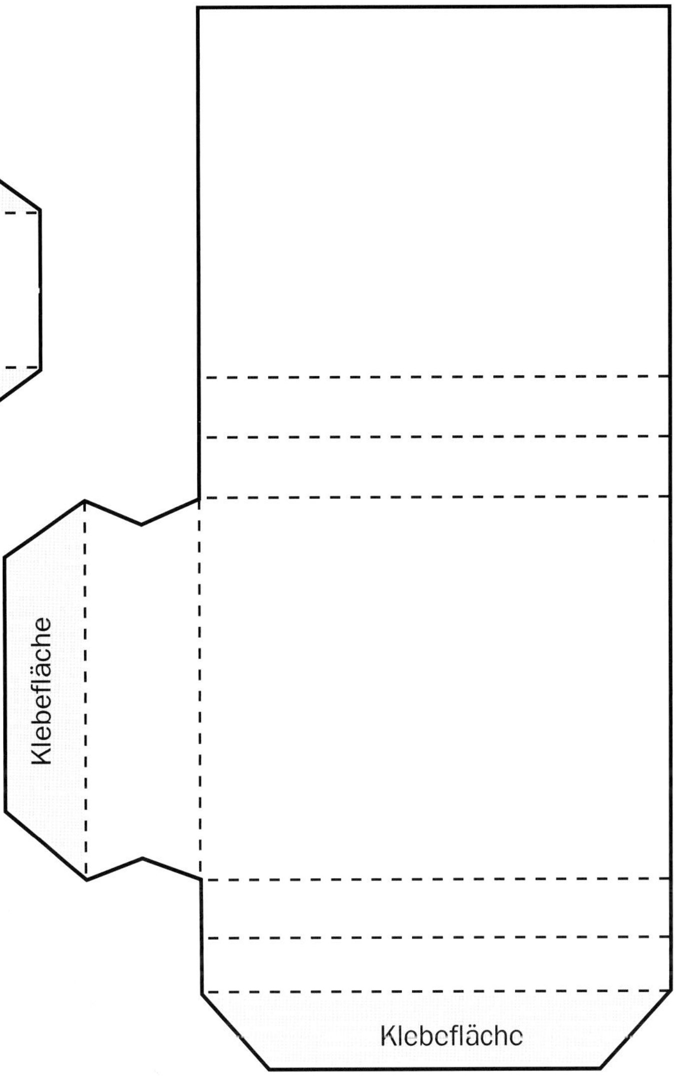

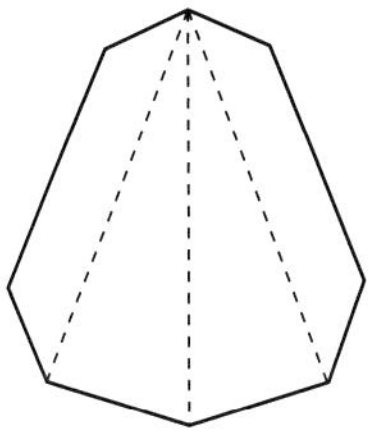

S. 41
(50% verkleinert,
Vergrößerungsfaktor
200%)

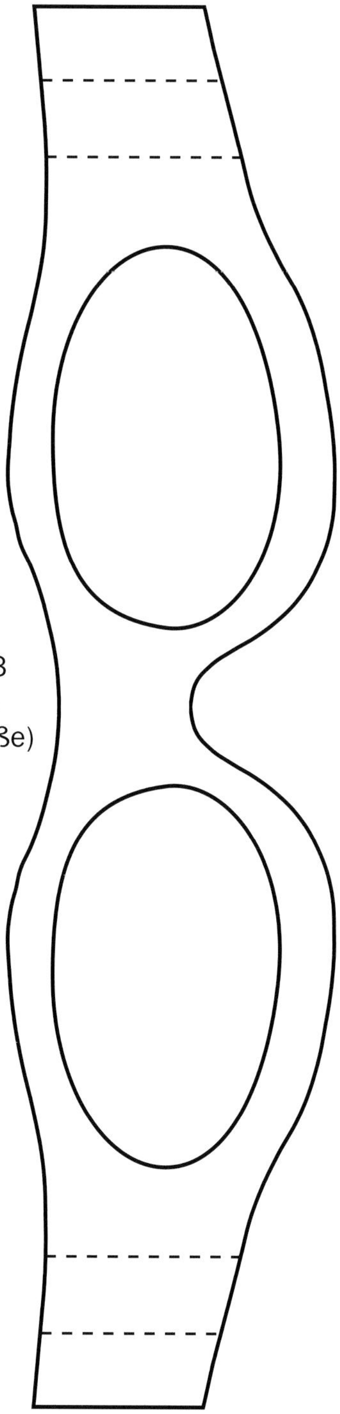

S. 42/43
(Brille in
Originalgröße)

S. 42/43
(Stern 50% verkleinert,
Vergrößerungsfaktor
200%)

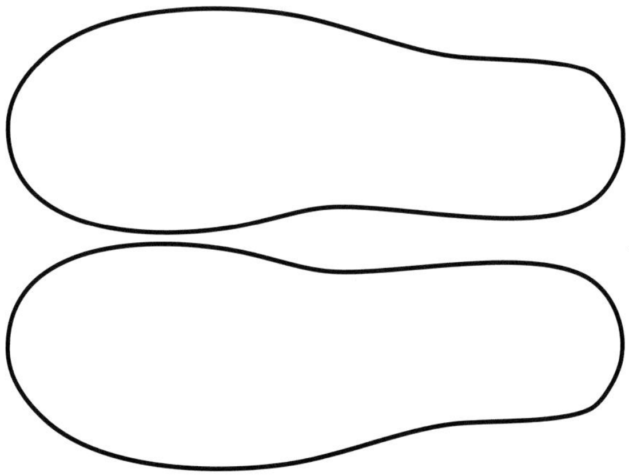

S. 52
(70% verkleinert,
Vergrößerungsfaktor
141%)

S. 54/55
(Originalgrößen)

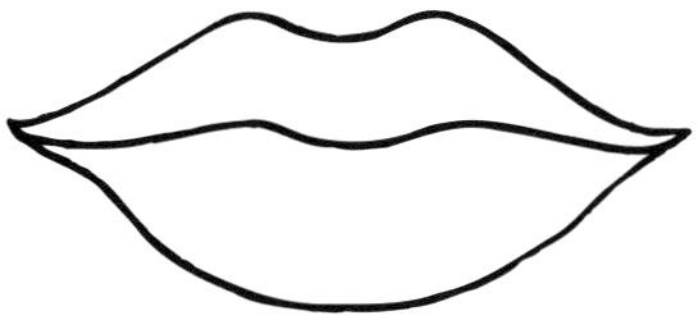

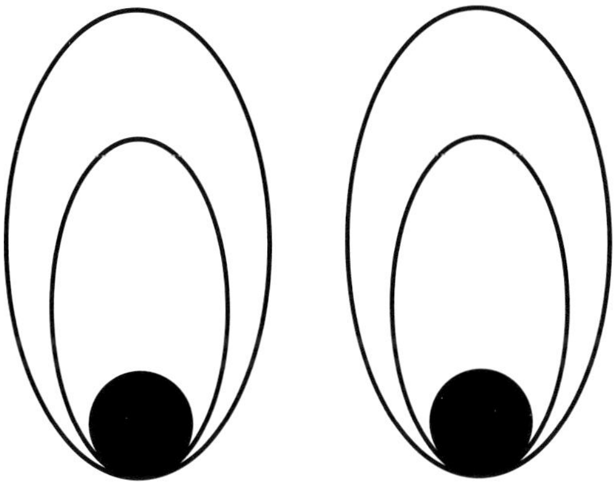

S. 57
(Originalgrößen)

Impressum

Die Deutsche Bibliothek – CIP-Einheitsaufnahme
Ein Titeldatensatz für diese Publikation ist bei Der Deutschen Bibliothek erhältlich.

Ideen, Texte und Objekte:
Sibylle Haenitsch-Weiß, Obernbreit
Fotografie: Stefan Ernst, Sommerhausen
Lektorat: Sabine Fels, Renningen
Umschlagkonzeption:
Kontrapunkt Kopenhagen
Umschlaglayout/Herstellung: Jörg Alt
Layout und Zeichnungen:
Axel Weiß, Obernbreit

AUGUSTUS VERLAG AUGSBURG 2002

Satz: Weiß & Haenitsch, Obernbreit
Reproduktion: Uhl + Massopust GmbH, Aalen
Druck und Bindung: Appl, Wemding
Gedruckt auf 115 g umweltfreundlich elementar chlorfrei gebleichtes Papier.

ISBN 3-8043-0914-3

Printed in Germany